Ocultos, perdidos y descubiertos

LUGARES
MISTERIOSOS

CONEXIONES de la ESCUELA a la CASA
de ROURKE
ANTES Y DURANTE LAS ACTIVIDADES DE LECTURA

Antes de leer: *Construir los conocimientos previos y el vocabulario*

Los conocimientos previos pueden ayudar a los estudiantes a procesar nueva información y a basarse en lo que ya saben. Antes de leer un libro, es importante aprovechar lo que los estudiantes ya saben sobre el tema. Esto los ayudará a desarrollar su vocabulario y a aumentar su comprensión lectora.

Preguntas y actividades para reforzar los conocimientos previos:

1. Mira la portada del libro y lee el título. ¿De qué crees que tratará este libro?
2. ¿Qué sabes ya sobre este tema?
3. Recorre el libro y hojea las páginas. Mira el índice, las fotografías, los pies de foto y las palabras en negrita. ¿Te han dado estas características del texto alguna información o algún adelanto sobre lo que vas a leer en este libro?

Vocabulario: *El vocabulario es clave para la comprensión lectora*

Utilice las siguientes instrucciones para iniciar una conversación sobre cada palabra.

- Lee las palabras del vocabulario.
- ¿Qué se te viene a la mente cuando ves cada palabra?
- ¿Qué crees que significa cada palabra?

Palabras del vocabulario:
- *balancín*
- *canteras*
- *catacumbas*
- *extraterrestre*
- *prehistórico*
- *teorías conspirativas*

Durante la lectura: *Leer para entender y comprender*

Para lograr una comprensión profunda de un libro, se anima a los estudiantes a utilizar estrategias de lectura detallada. Durante la lectura, es importante que los estudiantes hagan una pausa y creen conexiones. Estas conexiones dan lugar a un análisis y una comprensión más profundos del libro.

Lectura detallada de un texto

Durante la lectura, pida a los estudiantes que hagan una pausa para hablar de los siguientes aspectos:

- Las partes confusas.
- Las palabras desconocidas.
- Las conexiones dentro del texto, entre el texto y uno mismo y entre el texto y el mundo.
- La idea principal de cada capítulo o título.

Anime a los estudiantes a utilizar pistas contextuales para determinar el significado de las palabras desconocidas. Estas estrategias ayudarán a los estudiantes a aprender a analizar el texto con más detenimiento mientras leen.

Cuando termine de leer este libro, vaya a la penúltima página, donde encontrará las **Preguntas después de la lectura** y una **Actividad**.

Índice

Preguntas sin respuesta 4

Rapa Nui (Isla de Pascua) 6

Catacumbas de París 12

Stonehenge 18

Área 51 24

Juego de memoria 30

Índice analítico 31

Preguntas después de la lectura 31

Actividad 31

Sobre la autora 32

Preguntas sin respuesta

OCÉANO ÁRTICO

Nevada, Estados Unidos

OCÉANO ATLÁNTICO

AMÉRICA DEL NORTE

OCÉANO PACÍFICO

París, Francia

Rapa Nui (isla de Pascua), Chile

AMÉRICA DEL SUR

OCÉANO ATLÁNTICO

OCÉANO AUSTRAL

En todo el mundo hay lugares con preguntas que no tienen respuestas. ¿Cómo se construyó esto? ¿Por qué se construyó? ¿Qué pasa adentro? ¡Exploremos lo que SÍ sabemos sobre estos lugares misteriosos!

Salisbury, Inglaterra

EUROPA

ASIA

OCÉANO PACÍFICO

ÁFRICA

OCÉANO ÍNDICO

AUSTRALIA

ANTÁRTIDA

Rapa Nui (Isla de Pascua)

Hace cientos de años, un pequeño grupo de polinesios se instaló en la isla de Rapa Nui. Esta isla es conocida popularmente como Isla de Pascua. Viajaron 2,300 millas (3,702 kilómetros) en canoas con **balancín** hasta la pequeña isla.

balancín: Vara o viga con un tronco en el extremo que sobresale de uno de los lados de una embarcación para evitar que se hunda.

Rapa Nui (Isla de Pascua)

Rapa Nui está cubierta por más de 600 gigantescas estatuas de piedra llamadas *moáis*. Los habitantes de Rapa Nui hicieron estas estatuas. No sabemos con certeza por qué. Una teoría dice que fueron hechas en honor a personas importantes que habían muerto. Otra teoría dice que los nativos creían que las estatuas mejorarían sus cultivos.

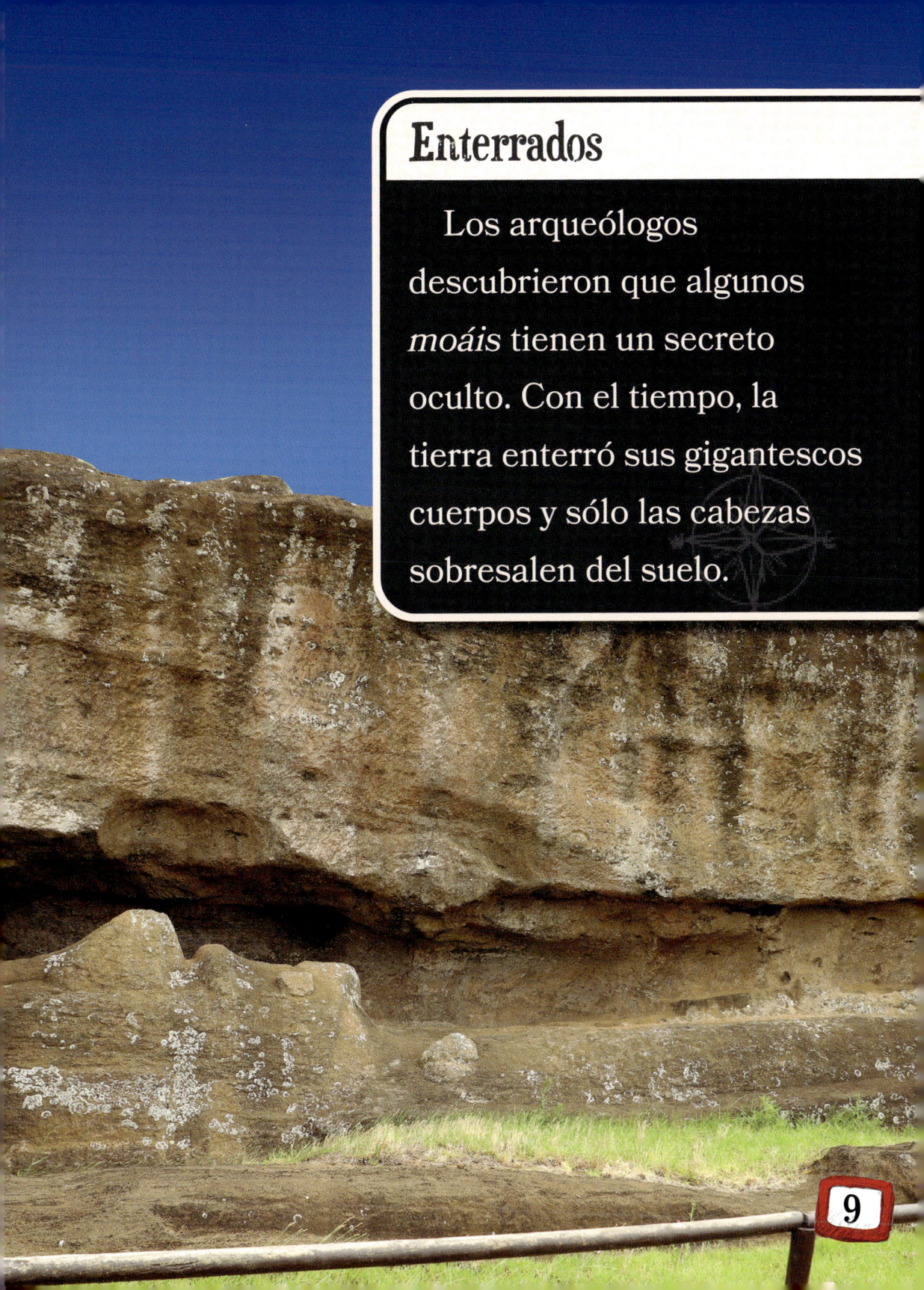

Enterrados

Los arqueólogos descubrieron que algunos *moáis* tienen un secreto oculto. Con el tiempo, la tierra enterró sus gigantescos cuerpos y sólo las cabezas sobresalen del suelo.

Rapa Nui (Isla de Pascua)

El *moái* más grande mide 32 pies (9 metros) de alto y pesa 164,000 libras (74,500 kilogramos). Algunas estatuas tienen otra piedra colocada sobre la cabeza. Se llama *pukao*, que significa moño. ¡Estas estatuas tienen pelo!

Catacumbas de París

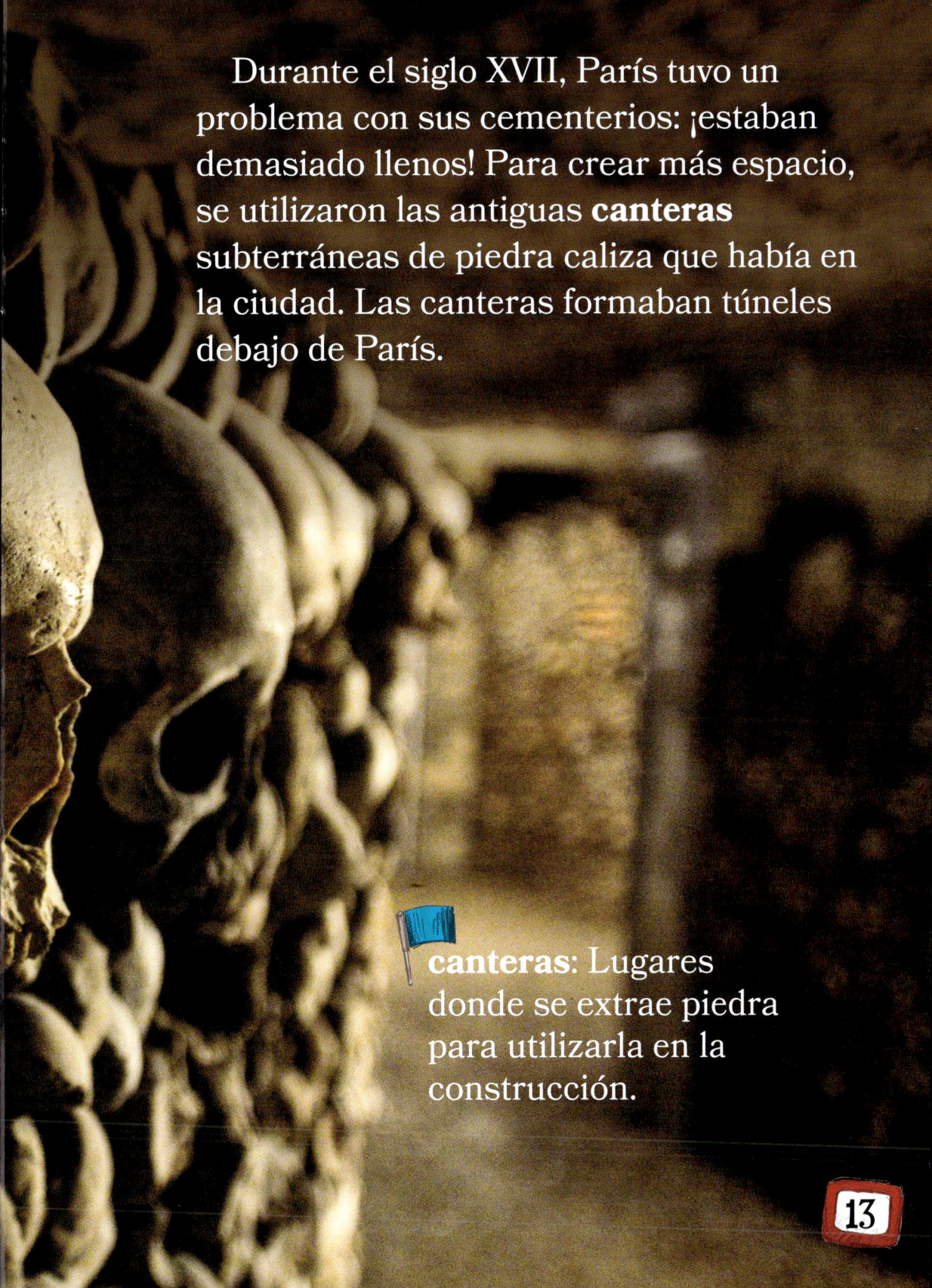

Durante el siglo XVII, París tuvo un problema con sus cementerios: ¡estaban demasiado llenos! Para crear más espacio, se utilizaron las antiguas **canteras** subterráneas de piedra caliza que había en la ciudad. Las canteras formaban túneles debajo de París.

canteras: Lugares donde se extrae piedra para utilizarla en la construcción.

Catacumbas de París

OSSEMENTS DE L'ANCIEN CIMET
ST. LAURENT DÉPOSÉS EN 184
DANS L'OSSUAIRE
DE L'OUEST ET TRANSFÉRÉ
EN 7BRE 1859.

Comenzaron a trasladar huesos de los cementerios a los túneles. Trasladaron alrededor de seis millones de cuerpos a las futuras **catacumbas**. ¡Algunos dicen que es la tumba más grande del mundo!

catacumbas: Antiguos cementerios subterráneos.

Catacumbas de París

Una pequeña parte de las catacumbas está abierta a los visitantes. Después de entrar, pasan por debajo de una puerta que dice: «¡Alto! ¡Este es el imperio de la muerte!».

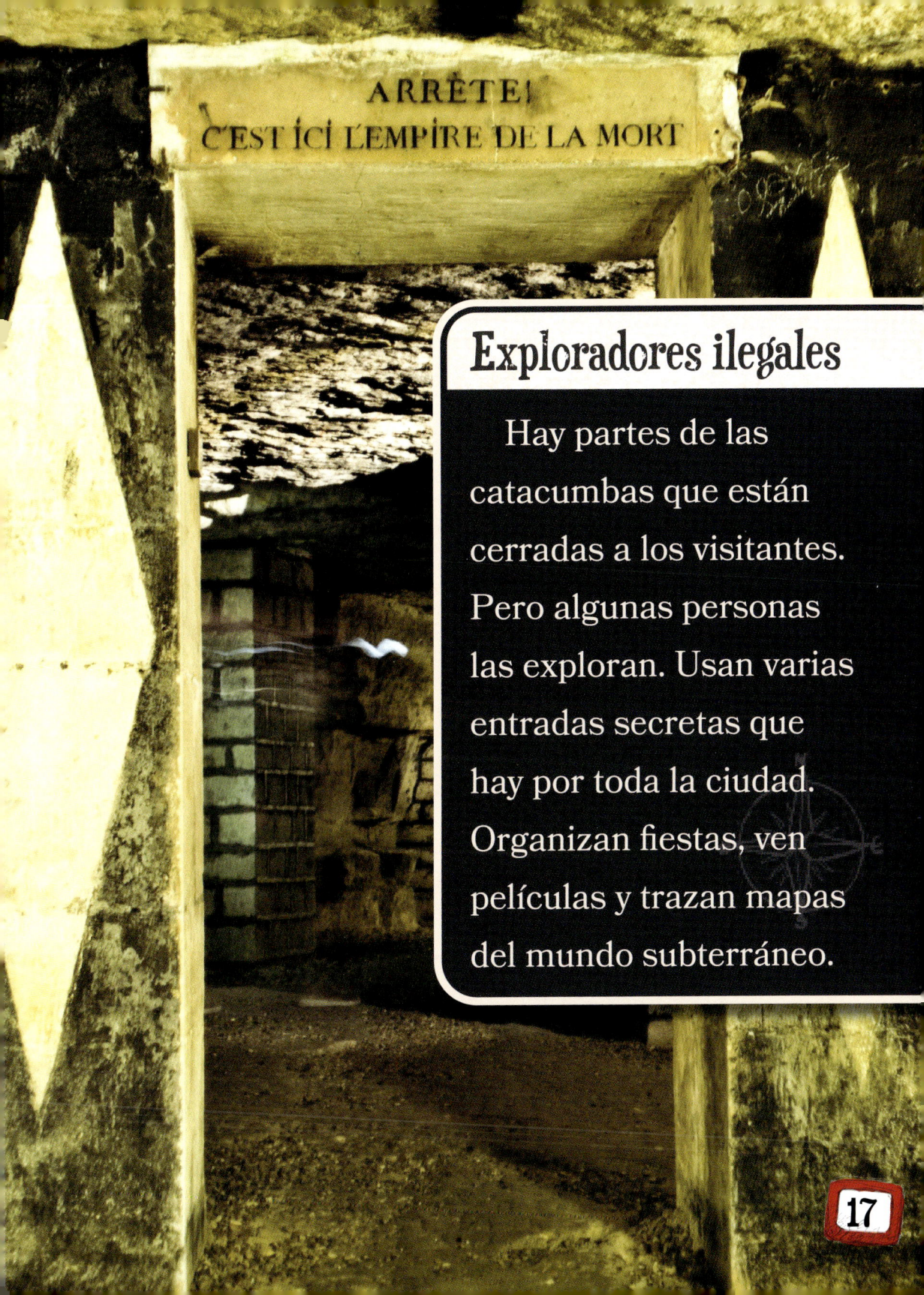

Exploradores ilegales

Hay partes de las catacumbas que están cerradas a los visitantes. Pero algunas personas las exploran. Usan varias entradas secretas que hay por toda la ciudad. Organizan fiestas, ven películas y trazan mapas del mundo subterráneo.

Stonehenge

Stonehenge es un monumento **prehistórico**. Las partes más antiguas se construyeron hace 5,000 años o más. No se sabe quién construyó Stonehenge. Muchos expertos aceptan que varias tribus ayudaron a construirla a lo largo del tiempo.

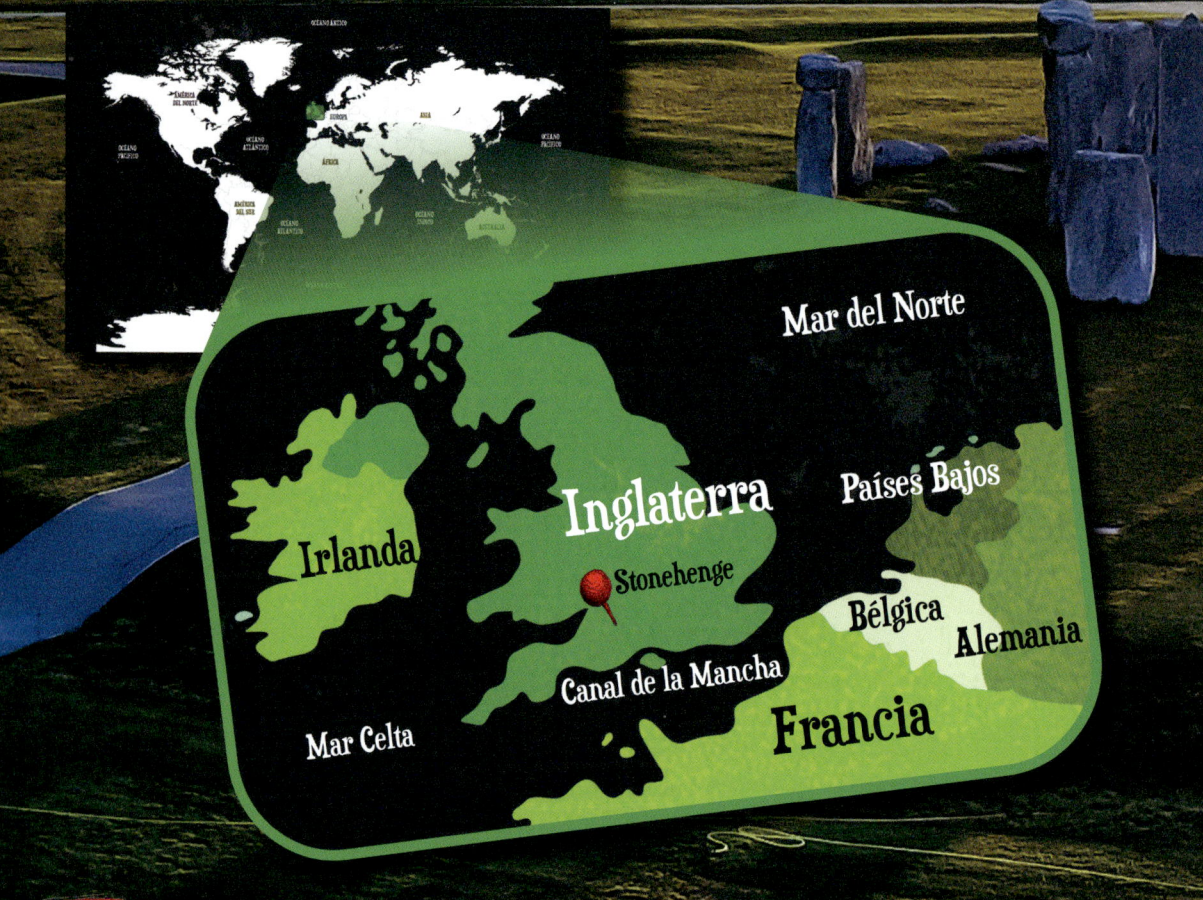

¿Un lugar mágico?

En el siglo XII, Godofredo de Monmouth escribió los relatos del rey Arturo. En estas historias, decía que el mago Merlín había creado Stonehenge. Durante varios siglos, la gente creyó que sus historias eran reales. ¡La magia era la respuesta!

prehistórico: Perteneciente a una época anterior a la escritura de la historia.

Stonehenge

Otro misterio que rodea a Stonehenge es cómo movieron las piedras los constructores prehistóricos. ¡Algunas piedras pesaban hasta 8,000 libras (3,629 kilogramos) y estaban originalmente a 200 millas (322 kilómetros) de distancia! Esto fue antes de la invención de la rueda.

Una teoría sostiene que utilizaron algún tipo de trineo. Otra afirma que hicieron una canasta gigante para transportar las piedras. Pero nadie lo sabe con seguridad.

Stonehenge

La mayoría de los expertos están de acuerdo en que Stonehenge fue utilizado como un lugar de entierro. Pero ¿qué más se hizo en este importante monumento? Algunos dicen que fue utilizado como un lugar religioso, como un sitio para ceremonias o como un lugar donde las personas iban a curarse.

Área 51

El Área 51 se utilizó en 1955 como un lugar de pruebas para aviones. Pero el gobierno de los Estados Unidos no admitió su existencia hasta 2013. Como era un secreto, existen muchos rumores y **teorías conspirativas** sobre el Área 51.

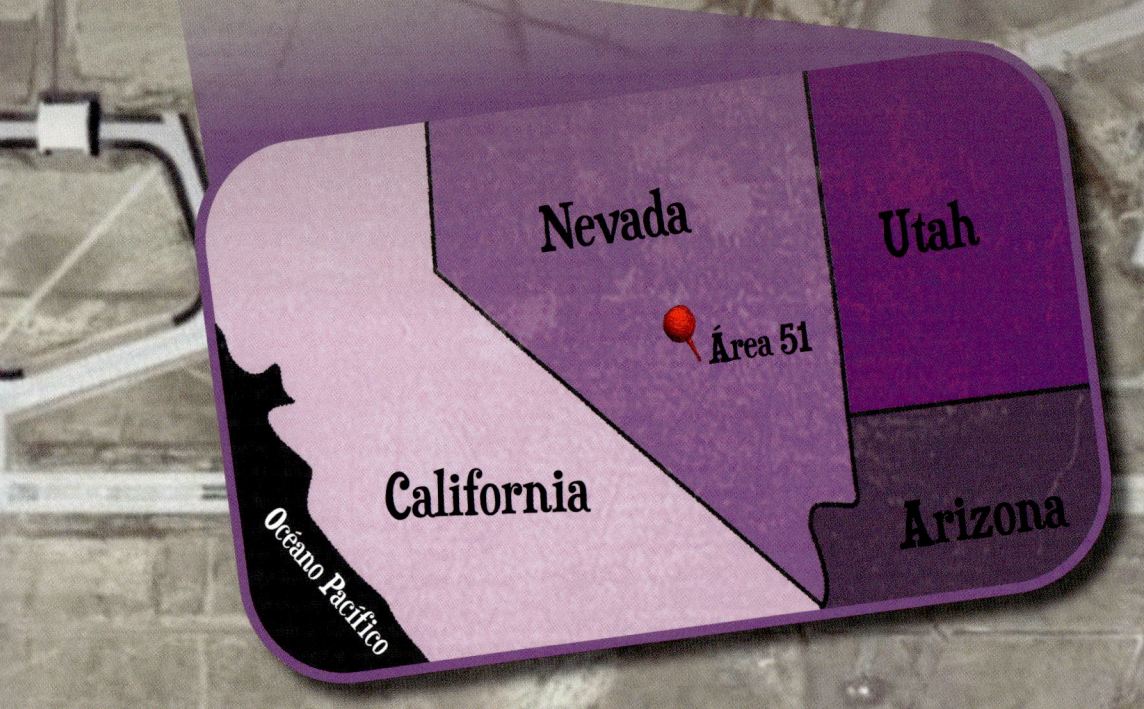

¡Búscalo en Google!

Es ilegal sobrevolar el Área 51. ¡Pero puedes ver una imagen satelital de este lugar en Google Maps!

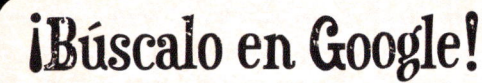

teorías conspirativas: Ideas que explican intenciones o planes secretos de personas poderosas.

Área 51

La teoría más popular sobre el Área 51 es que allí se estudia la vida **extraterrestre**. Esta teoría surgió en parte debido a un accidente cerca del sitio en 1947. La gente pensó que una nave espacial extraterrestre se había estrellado. El gobierno dijo que había sido simplemente un globo con radar, similar a un globo meteorológico.

extraterrestre: Procedente de un lugar más allá de la Tierra.

Área 51

¿Qué se estudia realmente en el Área 51? ¡No lo sabemos! Lo que sí sabemos es que es lo bastante secreto como para tener guardias armados, vigilancia las 24 horas y muchas señales de advertencia para que la gente se mantenga alejada.

Juego de memoria

Mira las fotos. ¿Qué recuerdas haber leído en las páginas donde aparecía cada imagen?

Sobre la autora

A Hailey Scragg le encanta visitar y aprender sobre nuevos lugares. ¡Algún día espera ver los *moái*s en Rapa Nui! Hasta entonces, seguirá explorando su ciudad de Columbus, Ohio, con su marido y su perro.

© 2025 Rourke Educational Media

All rights reserved. No part of this book may be reproduced or utilized in any form or by any means, electronic or mechanical including photocopying, recording, or by any information storage and retrieval system without permission in writing from the publisher.

www.rourkebooks.com

PHOTO CREDITS: Cover, page 1: ©inigofotografia; pages 4-5: ©Iuriii Buriak; pages 5: ©JoeBenning; pages 8, 30: ©Mlenny; page 9: © IVAN VIEITO GARCIA; pages 10-11, 30: ©Sergey-73; pages 12-13, 30: ©BeccaVogt; page 14: ©JonathanWeiss; page 15, 30: ©Nastasic; pages 16-17: ©XavierFrancolon/SIPA/Newscom; page 18-19, 30: ©NicholasEJones; page 20: ©SheraleeS; page 21: ©Dorling Kindersley; pages 22-23: ©cineman69; pages 24-25: ©shutterstock1405074776; pages 26-27: ©Grossinger; page 27, 30: ©Gettyimages1168262157; pages 28-29: ©BrianPIrwin

Edición de: Madison Capitano
Diseño de la portada de: J.J. Giddings
Diseño de los interiores de: J.J. Giddings
Traducción al español: Santiago Ochoa
Edición en español: Base Tres

Library of Congress PCN Data

Lugares misteriosos / Hailey Scragg
 (Ocultos, perdidos y descubiertos)
 ISBN 978-1-73165-919-4 (hard cover)
 ISBN 978-1-73165-918-7 (soft cover)
 ISBN 978-1-73165-920-0 (e-Book)
 ISBN 978-1-73165-921-7 (e-Pub)
Library of Congress Control Number: 2024947636

Rourke Educational Media
Printed in the United States of America
01-0342511937

Índice analítico

Área 51: 24, 25, 26, 27, 28
aviones: 24
moái(s): 8, 9, 11
monumento: 18, 23
París: 4, 12, 13, 14, 16
piedra caliza: 13
Rapa Nui: 4, 6, 8, 10
Stonehenge: 18, 19, 20, 21, 22, 23

Preguntas después de la lectura

1. ¿Por qué los habitantes de Rapa Nui hicieron estatuas gigantes de piedra?
2. ¿Por qué los habitantes de París tuvieron que trasladar huesos de los cementerios a las catacumbas?
3. ¿Quién construyó Stonehenge?
4. Menciona una teoría que diga de qué manera los pueblos prehistóricos trasladaron las piedras a Stonehenge.
5. ¿Cuál es una de las razones que respalda la teoría de que en el Área 51 se estudia la vida extraterrestre?

Actividad

Imagina que estás entrevistando a alguien que lo sabe todo sobre uno de los lugares de este libro. ¿Qué lugar elegirías? ¿Qué preguntas harías?